Erzähl mir vom Weihnachts-zauber

24 Geschichten zum Vorlesen

Originalausgabe
© 2018 Dressler Verlag GmbH, Poppenbütteler Chaussee 53, 22397 Hamburg
ellermann im Dressler Verlag · Hamburg
Alle Rechte vorbehalten
Einband von Rike Janßen
Druck und Bindung: Livonia Print SIA, Ventspils iela 50, LV-1002 Riga, Lettland
Printed 2018
ISBN 978-3-7707-0102-5

www.ellermann.de

Erzähl mir vom Weihnachtszauber

24 Geschichten zum Vorlesen

ellermann im Dressler Verlag GmbH · Hamburg

Inhaltsverzeichnis

**Advent, Advent, ein Lichtlein brennt –
Geschichten für die Adventszeit**

Stellt die Stiefel raus –
Geschichten am Nikolaus

Heute, Kinder, wird's was geben –
Geschichten zum Heiligabend

Advent, Advent, ein Lichtlein brennt – Geschichten für die Adventszeit

Anna und der Adventskalender

Anna wacht auf und weiß sofort: Heute ist der 1. Dezember! Sie springt aus dem Bett und rennt in die Küche. Dort hängt ihr Adventskalender: ein schönes, großes Haus mit 24 Türen. Endlich darf sie das erste Türchen aufmachen. Anna sucht die goldene Eins. Da ist sie. Plötzlich erschrickt Anna. Das Türchen ist schon offen! Dann entdeckt sie ihren kleinen Bruder Jonas. Er sitzt vor dem Adventskalender auf dem Boden und strahlt über das ganze Gesicht.
»Guck mal, Kerze!«, ruft Jonas.
Anna funkelt Jonas wütend an. »Warum hast du das Türchen aufgemacht? Das ist mein Adventskalender!«
Jonas lacht. »Kerze!«
Da muss Anna auch lachen. »Ja, die rote Kerze ist schön«, sagt sie und kuschelt sich an Jonas.

Saskia und der Sternenhimmel

»Gute Nacht!«, sagt Mama.

»Warte!«, ruft Saskia. »Wie lange dauert es noch bis Weihnachten?«

Mama guckt auf den Kalender. »Heute ist der 4. Dezember. Du musst noch zwanzig Mal schlafen.«

»Zwanzig Mal!«, stöhnt Saskia. »Ich will aber nicht so lange warten.«

Mama geht zum Schrank und holt eine Schachtel heraus. »Ich hab was für dich. Da sind Leuchtsterne drin. Ich lege zwanzig Sterne für dich in eine Tüte.«

»Warum?«, fragt Saskia.

Mama nimmt einen Leuchtstern in die Hand. »Das sag ich dir gleich. Aber erst musst du den Stern an die Wand kleben.«

Und schon hängt der Stern neben Saskias Bett. Mama macht das Licht aus. Der Stern fängt an zu leuchten.

»Ab heute darfst du jeden Abend einen Stern an die Wand kleben«, sagt Mama. »Und wenn die Tüte leer ist, dann ist Weihnachten!«

Bald hängen zwei Sterne an der Wand, dann drei, dann vier ...

Und jeden Abend leuchten sie ein bisschen heller.

Die erste Kerze im Advent

Seit heute steht der Adventskranz auf dem Tisch. Er hat blaue Schleifen und vier dicke Kerzen.

Am Abend zündet Mama eine Kerze an. Auf dem Tisch steht auch eine Schale mit Äpfeln und Nüssen. Joshua knackt die Nüsse mit dem Nussknacker.

»Warum zünden wir nur eine Kerze an?«, fragt Nikola.

»In der Adventszeit warten wir auf Weihnachten«, erklärt Mama. »Am ersten Adventssonntag zünden wir eine Kerze an, am zweiten brennen zwei Kerzen. Jeden Sonntag kommt eine Kerze hinzu.«

»Und dann?«, fragt Nikola.

Joshua lacht: »Dann ist bald Weihnachten!«

Mama knipst das elektrische Licht aus. Jetzt ist es ganz dämmrig im Zimmer. Auf dem Adventskranz brennt nur die eine Kerze, und es ist richtig ge-mütlich.

Dann kommt Papa ganz leise he-rein. Er setzt sich zu ihnen an den Tisch und fragt: »Singt ihr jetzt auch etwas?«

Nikola fängt an.

Dann singen alle mit:

»Wenn die erste Kerze brennt,
dann beginnt der Advent.
Brennen dann zwei Kerzen,
freu'n wir uns von Herzen.

Wenn die dritte Kerze brennt,
ist das Warten nicht zu End'.
Brennen endlich alle vier:
Weihnachten steht vor der Tür!«

Sie singen noch zwei Lieder, und Joshua knackt eine Nuss nach der anderen. Aber dann pustet Mama die Kerze aus. Sie will das Essen auf den Tisch stellen.

»Schade«, sagt Nikola enttäuscht.

»Morgen zünden wir sie wieder an«, sagt Mama.

»Morgen!«, ruft Joshua fröhlich. »Morgen ist Weihnachten wieder ein bisschen näher!«

Greta und der Glücksesel

Mitte Dezember gehen Greta und Opa über den Weihnachtsmarkt. Dort gibt es eine Krippe mit einem echten Ochsen, einem Esel und zwei Schafen. Greta läuft zum Zaun. Der Esel kommt näher. Er hat braunes Fell und samtweiche Ohren. Greta krault den Esel hinter den Ohren. Das gefällt ihm richtig gut.

»Ich mag dich«, sagt Greta zu dem Esel.

Plötzlich streckt der Esel seine raue Zunge heraus und schleckt Greta über das Gesicht.

»Iiih!«, ruft Greta. Das kitzelt, und ihre Wange ist ganz nass.

Opa lacht. »Das bringt Glück. Wenn dich im Advent ein Esel abschleckt, geht dein größter Wunsch in Erfüllung.«

»Mein größter Wunsch ist, dass du mit mir Karussell fährst!«, sagt Greta.

Opa zwinkert ihr zu. »Dann weiß ich, was wir jetzt machen!«

Die Schutzengel-Prüfung

Seit Wochen hatte Adrian für die Schutzengel-Prüfung geübt. Heute nun war sein großer Tag. Endlich durfte er zeigen, was er alles gelernt hatte!

Erzengel Michael wartete im goldenen Saal auf ihn. »Hallo Adrian«, sagte er. »Das ist deine Aufgabe: Flieg hinunter zur Erde und begleite Josefine auf dem Weihnachtsmarkt. Achte darauf, dass ihr nichts zustößt. Du bist heute ihr Schutzengel. Schaffst du das?«

»Ja!«, sagte Adrian aus vollem Herzen.

Schnell machte er sich auf den Weg zur Erde. Michael hatte ihm ein Foto von Josefine mitgegeben. Adrian erkannte das Mädchen mit dem Pferdeschwanz sofort. Ihre Mama trank Früchtepunsch mit einer Freundin. Josefine schlenderte von Stand zu Stand.

Adrian flog dicht neben ihr her. Er passte auf, dass sie auf dem glatten Schnee nicht ausrutschte. Er kümmerte sich darum, dass sie nicht angerempelt wurde. Und er sorgte dafür, dass sie einen freien Platz auf dem Karussell bekam. Keine Sekunde ließ er sie aus den Augen.

Doch plötzlich prallte Adrian gegen einen Korb. Den hatte er nicht gesehen. Es krachte und klapperte. Der Korb fiel um. Viele kleine Spielsachen purzelten in den Schnee. Oh nein! Josefine war zum Glück nichts passiert, aber Adrian musste die Spielsachen schnell wieder aufheben. Als er sich bückte, streifte er zufällig Josefines Arm. Auch das noch: Jetzt konnte sie ihn sehen und hören!

Josefine machte große Augen. »Bist du etwa ein … ein Engel?«, fragte sie.

»Ja«, sagte Adrian. »Tut mir leid, dass ich nicht aufgepasst habe. Das mit dem Korb war meine Schuld.«

Josefine kicherte. »Ist doch nicht schlimm. Ich helfe dir.«

»Was heißt hier nicht so schlimm?«, schimpfte der Standbesitzer. »Sieh zu, dass du die Spielsachen wieder aufhebst!«

Adrian und Josefine beeilten sich. Kaum hatte der Mann bis drei gezählt, war der Korb wieder voll.

»Wie hast du das denn gemacht?«, fragte der Mann überrascht.

Adrian legte einen Finger auf seine Lippen. »Psst! Das bleibt unser Geheimnis«, flüsterte er.

Josefine grinste den Mann an. »Verrate ich nicht«, sagte sie.

Plötzlich hatte Adrian eine Stimme im Ohr.

»Gut gemacht!«, lobte Michael. »Du hast die Schutzengel-Prüfung bestanden.«

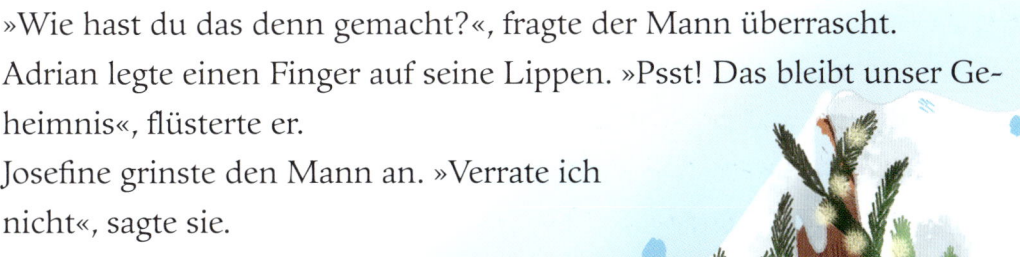

Pelle backt Plätzchen

Noch vierzehn Tage bis Weihnachten! Oma und Pelle backen Plätzchen. Oma rollt den Teig aus. Dann geht es los. Pelle sticht drei Plätzchen aus: einen Weihnachtsmann, einen Engel und eine Glocke. Aber der Weihnachtsmann hat eine schiefe Nase! Der Engel hat drei Flügel. Und die Glocke ist viel zu breit geworden.

»Oma!«, sagt Pelle. »Deine Plätzchen sind so schön, und meine sind ganz schief.«

Oma guckt sich Pelles Plätzchen an. »Ich finde deine Plätzchen viel schöner als meine. Dein Weihnachtsmann hat eine tolle Nase. Damit kann er um die Ecke riechen. Und dein Engel fliegt bestimmt dreimal so schnell wie die anderen Engel.«

»Wirklich?«, fragt Pelle.

Oma nickt.

Pelle legt die breite Glocke auf das Blech.

Dann flüstert er Oma zu: »Hui, hier kommt das Glocken-Gespenst!«

Scherben bringen Glück

Morgen ist Weihnachten. Jule freut sich so sehr, dass sie keine Minute still sitzen kann. Erst tanzt sie um den Esstisch, dann um den Adventskranz und schließlich um Mama herum.

»Hilfst du mir, den Weihnachtsbaumschmuck zu sortieren?«, fragt Mama, die gerade mit einer großen Kiste aus dem Keller kommt.

»Ja, klar!«, ruft Jule und hüpft ins Wohnzimmer.

Mama macht die Kiste auf, und Jule staunt. Was da alles drin ist! Kugeln aus Silber und Gold, Engel, Strohsterne und bunte Holzfiguren.

»Schau mal«, sagt Mama und wickelt ein kleines Päckchen aus. »Das ist die schönste Weihnachtskugel von allen – und die älteste.«

Mama hält die Kugel gegen das Licht. Die Kugel ist aus Glas, und auf ihrer Oberfläche funkeln viele kleine Sterne. Sie sehen aus wie wirbelnde Schneeflocken.

»Die ist aber schön«, sagt Jule.

»Die Kugel ist von Oma«, erzählt Mama. »Sie hat schon an unserem Weihnachtsbaum gehangen, als ich so alt war wie du.«

Jule muss die Kugel immer wieder anschauen. Als Mama und Papa später im Keller nach dem Weihnachtsbaumständer suchen, geht Jule noch mal ins Wohnzimmer.

Die Kugel liegt auf dem Tisch und glänzt geheimnisvoll. Die Schneeflocken glitzern, als wären sie lebendig. Jule nimmt die Kugel in die Hand und haucht gegen das Glas. »Schneeflocken im Nebel«, sagt sie. »Wie schön!« Aber plötzlich rutscht ihr die Kugel aus der Hand und fällt zu Boden. Es macht »klirr«, und das Glas zerspringt in tausend Scherben. Jule ist starr vor Schreck. Sie kneift die Augen zusammen und murmelt: »Die Kugel ist nicht kaputt, die Kugel ist nicht kaputt, die Kugel ist nicht kaputt!« Dann macht sie die Augen wieder auf – aber die Scherben liegen immer noch da. Plötzlich hört sie Schritte auf der Kellertreppe. Mama und Papa! Schnell flitzt Jule in ihr Zimmer. Ihre Augen brennen. Sie hat Mamas Lieblingskugel kaputt gemacht! Die schöne Schneeflockenkugel! Mama ist bestimmt traurig, wenn sie die Scherben sieht. Vielleicht wird sie sogar böse und schimpft. Ob Jule ihr sagen soll, dass sie es war? Lieber nicht. Schließlich könnte die Kugel auch von alleine vom Tisch gerollt sein, oder?

Die Tür geht auf, und Mama kommt ins Zimmer.

»Die Glaskugel von Oma ist kaputt«, sagt sie. »Weißt du, wie das passiert ist?«

Jule schluckt. Sie hat einen dicken Kloß im Hals. Sie starrt auf den Fußboden und schüttelt den Kopf.

Mama setzt sich neben Jule aufs Bett. »Schade um die schöne Kugel«, sagt sie. »Aber manchmal gehen Sachen eben kaputt. Das ist nicht so schlimm. Schlimm ist nur, wenn man etwas kaputt macht und es hinterher nicht sagt.«

Jule blinzelt vorsichtig zu Mama hinüber. Böse sieht sie eigentlich nicht aus. Höchstens ein bisschen traurig. Vielleicht schimpft sie ja gar nicht, wenn Jule ihr die Wahrheit sagt.

Jule holt tief Luft. »Ich wollte mir die Kugel bloß anschauen«, sagt sie leise. »Da ist sie einfach runtergefallen. Bist du jetzt böse?«

Mama schüttelt den Kopf und legt den Arm um Jule. »Nein. Jedem kann mal etwas kaputtgehen. Und Oma hat immer gesagt: ›Scherben bringen Glück.‹ Komm, wir fegen die Scherben weg, und dann backen wir Weihnachtskekse.«

»Au ja!«, ruft Jule. Für eine Weile hatte sie ganz vergessen, dass morgen Weihnachten ist. Aber jetzt weiß sie es wieder. Sie springt auf und tanzt in die Küche.

Wünsch dir was!

Bald ist Weihnachten, und Tim hat noch kein einziges Geschenk. Er braucht auf jeden Fall etwas für Mama und Papa. Und für Britta, seine große Schwester, auch wenn sie manchmal ganz schön blöd ist. Oma darf er natürlich auch nicht vergessen. Tim seufzt. Das wird eine Menge Arbeit. Aber bevor er anfängt, will Tim wissen, worüber sich die anderen freuen würden.

Als Erstes geht er zu Mama ins Arbeitszimmer. Sie sitzt am Computer und schreibt.

»Was wünschst du dir zu Weihnachten?«, fragt Tim.

Mama gibt ihm einen schnellen Kuss auf die Stirn. »Dass du immer schön brav bist, mein Schatz«, sagt sie und tippt weiter.

Tim schüttelt den Kopf. »Nein, du musst dir was Richtiges wünschen!«

»Später, jetzt hab ich keine Zeit«, entgegnet Mama.

Tim ist überhaupt nicht zufrieden. Was soll er denn mit so einer Antwort anfangen? Vielleicht hat Papa ja einen besseren Wunsch. Tim geht in die Küche. Papa deckt gerade den Tisch fürs Abendbrot.

»Was wünschst du dir zu Weihnachten?«, fragt Tim.

»Dass du mir beim Tischdecken hilfst«, antwortet Papa und drückt Tim die Butterdose in die Hand.

»Sonst nichts?«, fragt Tim.

Papa lacht. »Nein, sonst bin ich wunschlos glücklich.«

Tim stellt die Butterdose auf den Tisch und verdrückt sich schnell wieder aus der Küche. Schließlich hat er noch zu tun. Jetzt kommt Britta an die Reihe.

Sie liegt auf ihrem Bett und liest.

»Was wünschst du dir zu Weihnachten?«, fragt Tim.

»Dass du aus meinem Zimmer verschwindest«, faucht Britta. »Ich will in Ruhe lesen!«

»Blöde Kuh«, sagt Tim und knallt die Tür hinter sich zu. Manchmal findet er Britta richtig bescheuert.

Tim setzt sich an seinen Schreibtisch und seufzt. Jetzt weiß er immer noch nicht, was er wem schenken soll. Warum können sich Mama, Papa und Britta denn nicht vernünftige Sachen wünschen? Tim stützt den Kopf in die Hände und überlegt – und plötzlich hat er eine tolle Idee! Er malt eine große Uhr auf ein Stück Pappe. Dann bastelt er zwei Zeiger aus Papier und befestigt sie mit einer Reißzwecke an der Pappuhr. Die kriegt Mama – dann hat sie immer genug Zeit. Denn brav ist er ja sowieso.

Papa bekommt eine Schachtel mit Gutscheinen. Einen Gutschein mit aufgemalten Tassen und Tellern zum Spülmaschine-Ausräumen, einen mit einem gedeckten Tisch fürs Abendbrot-Machen und einen Gutschein mit einem Bett, in das Tim sich selbst gemalt hat. Den kann Papa einlösen, wenn Tim ohne zu zetern schlafen gehen soll.

Für Britta ist Tim auch etwas eingefallen: Er bastelt ihr ein Stopschild! Das kann sie an ihre Tür hängen, wenn sie in Ruhe lesen will. Aber wenn das Schild nicht da hängt, darf Tim jederzeit in ihr Zimmer kommen, ohne angemeckert zu werden.

Jetzt fehlt nur noch Oma. Was sie sich wohl wünscht? Wenn sie zu Besuch kommt, sagt sie oft: »Wenn ich euch sehe, geht's mir gut.« Also malt Tim ein Bild von der ganzen Familie: Mama, Papa, Britta, Tim und natürlich Oma. Das kann sich Oma zu Hause an die Wand hängen und anschauen – dann geht's ihr immer gut.

Zufrieden betrachtet Tim seine Geschenke. Jeder kriegt das, was er sich am meisten wünscht. Jetzt kann Weihnachten kommen!

Weihnachtskarten

Gestern ist bei Wulf und seinen Eltern die erste Weihnachtskarte ange-
kommen. Onkel Knut und Tante Lilo wünschen ihnen alles Liebe und
ein frohes Fest.
Heute schreiben Wulfs Eltern auch viele Weihnachtskarten.
Papa liest Wulf vor, was sie geschrieben haben. Wulf kennt nicht alle
Leute. Es sind Freunde und Bekannte von früher. Früher – das war da-
mals, als Wulf noch nicht auf der Welt war. Inzwischen sehen sie sich
kaum noch. Vor Weihnachten erinnern sie sich wieder aneinander.
Mama und Papa erzählen von damals und ihren Freunden. Wulf sitzt
ganz still dabei. Ein paar Leute kennt er auch. Zum Beispiel den Onkel
Herbert. Er hat früher mit Papa in einem Zimmer gewohnt. Damals, als
Papa Mama noch nicht kannte und in München studiert hat.
Onkel Herbert kommt jedes Jahr ein Mal zu Besuch, und Wulf freut
sich immer, wenn er kommt. Die Schwestern und Brüder der Eltern

kennt er natürlich auch. Dann wählt Wulf alle die aus, die er kennt. »Ich will auch einen Gruß dazuschreiben!« Mama nickt.

Wulf holt seine Buntstifte und malt auf jede Karte einen kleinen bunten Weihnachtsbaum. Er gibt sich ganz viel Mühe. Und Mama schreibt dazu:

Ein ganz lieber Gruß von Wulf.

Als die Karten fertig sind, tragen Wulf und Papa sie zum Briefkasten.

Wulf wirft alle ein und überzeugt sich davon, dass keine danebenfällt.

»Sie freuen sich doch über meinen Weihnachtsgruß?«, fragt er Papa.

»Bestimmt«, sagt Papa. »Ganz bestimmt.«

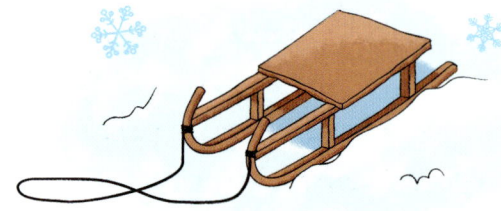

Der schnellste Schlitten

»Was macht ihr da?«, fragt Mia ihren Bruder Paul und seinen Freund Metin. Die beiden sitzen mit ihren Schlitten vor der Garage und reiben mit Kerzenstummeln Wachs auf die Kufen.

»Wir wachsen unsere Schlitten! Leon aus der 1b sagt, dass er mit seinem neuen Schlitten tausend Mal schneller ist als wir. Aber wir zeigen dem Angeber, wer den schnellsten Schlitten hat!«, sagt Paul entschlossen und rubbelt seinen Kerzenstummel noch ein bisschen schneller hin und her. Die Kufen glänzen schon richtig.

»Kann ich mitkommen?«, fragt Mia. Sie will unbedingt sehen, wie ihr Bruder gegen Leon im Schlittenrennen gewinnt.

»Na klar!«, sagt Metin.

Paul betrachtet zufrieden seinen Schlitten. »Fertig!«, sagt er.

Die drei machen sich auf den Weg.

Auf einmal kommt Wind auf, und die Kinder hören in der Ferne Glöckchen bimmeln. Jemand ruft: »Huhu!«

Hinter ihnen taucht ein großer, plumper Schlitten auf, und obendrauf sitzt …

»Der Weihnachtsmann?«, fragt Metin ungläubig.

Der Schlitten bleibt genau vor den drei Kindern stehen. »Der bin ich wohl«, sagt der Mann auf dem Schlitten schmunzelnd.

»Oh, äh, hast du nicht gerade jede Menge zu tun? Wunschzettel einsammeln, Geschenke packen und so?«, stottert Paul.

»Ich habe heute frei«, sagt der Weihnachtsmann. »Das Christkind springt für mich ein. Ich habe gehört, es gibt ein Schlittenrennen, da wäre ich gerne dabei!«

»Na ja«, sagt Paul. »Eigentlich ist das nur ein Rennen zwischen Leon und uns. Wir wollen ihm beweisen, dass unsere alten Schlitten genauso gut sind wie sein neuer.«

Da lacht der Weihnachtsmann. »Wisst ihr was? Dafür leihe ich euch meinen Schlitten. Der ist nämlich auch ohne Rentiere turboschnell.«

Metin und Paul sehen sich an. »Toll!«, ruft Mia sofort. »Damit sausen wir Leon ganz sicher davon.«

»Ja«, sagt der Weihnachtsmann und lacht. »Das wird so sein! Auf zum Rodelberg!«

Als sie dort ankommen, sind Leon und seine Freunde schon da.

»Traut ihr euch doch, gegen mich anzutreten?«, ruft er ihnen entgegen. Er zeigt auf den Weihnachtsschlitten und lacht laut. »Mit dem ollen Ding wollt ihr gewinnen?«

»Wir werden ja sehen«, murmelt Metin. Er, Mia und Paul setzen sich auf den Weihnachtsschlitten. Leon bringt seinen neuen Superschlitten in Stellung.

»Auf die Plätze, fertig, los!«, brüllt Lasse.

Der Weihnachtsschlitten düst von ganz alleine los, während Leon mit einem langen Anlauf versucht, Tempo zu kriegen. Sein Schlitten ist

zwar wirklich schnell, aber der Weihnachtsschlitten ist uneinholbar. Es ist, als würden seine Kufen gar nicht den Boden berühren.

»Juchhu!«, rufen Metin, Paul und Mia.

Der Weihnachtsmann steht derweil versteckt zwischen den Bäumen und beobachtet das Rennen. Er schnippt mit den Fingern,

32

und der Weihnachtsschlitten erhebt sich in die Luft, fliegt einmal über den ganzen Park, um dann direkt vor Leons Superschlitten zu landen. Leon kriegt den Mund gar nicht mehr zu.

»Da guckst du blöd!«, ruft Mia. »Das olle Ding ist nämlich der schnellste Schlitten!«

Da steht plötzlich der Weihnachtsmann neben ihnen.

»Kommt! Wir drehen alle zusammen eine Runde!«, sagt er freundlich.

»Egal, wer der Schnellste ist – Hauptsache, es macht Spaß!«

Und wie es das macht, da sind sich alle einig!

Julias heller Stern

Heute hat Julia ihre Freundin Angela besucht. Als Julia heimgehen muss, wird es schon dunkel. Sonst hat Mama sie immer abgeholt. Aber heute hat sie keine Zeit. Sie backt Weihnachtsplätzchen. »Den Weg finde ich auch alleine«, hat Julia gesagt. »Es ist ja nicht weit.«

»Soll ich dich schnell nach Hause bringen?«, fragt Angelas Mutter. Julia lacht. »Ich bin doch kein Baby mehr! Und es ist ja auch nicht weit.«

Aber jetzt ist ihr doch ein bisschen unheimlich. Es ist auf einmal richtig dunkel geworden. Zögernd nimmt sie den kurzen Weg an den Gärten vorbei – dort, wo keine Laternen brennen. Die Sterne am Himmel sind weit weg und geben nur wenig Licht. Wenn Julia hier zusammen mit Mama ging, ist es ihr nie so dunkel vorgekommen. Aber jetzt klopft ihr das Herz bis zum Hals. Sie geht schnell und bemüht sich, nur ganz leise aufzutreten.

Fast erschrickt sie über ihre eigenen Schritte. Sie klingen in der Stille plötzlich so laut. Wenn es dunkel ist, sieht alles ganz anders aus. Gespenstisch. Unheimlich. Julia geht immer schneller. Der Weg scheint ihr heute besonders lang.

Da sieht Julia plötzlich einen hellen Stern. Ein warmes Licht dringt durch die Bäume. Julia läuft auf den Stern zu. Dann erkennt sie das hel-

le Küchenfenster. Der Stern ist die Lampe, die in der Küche brennt!
Und in der Küche backt Mama Weihnachtsplätzchen.
Ich bin zu Hause, denkt Julia glücklich und läuft, so schnell sie nur kann, auf die Haustür zu und klingelt. »Da bist du ja!«, ruft Mama lachend und schließt sie in die Arme.

Stellt die Stiefel raus –
Geschichten am Nikolaus

Der Nikolaus war auch noch da

Seit sie aus dem Kindergarten daheim ist, hat Kim immer wieder ge-
fragt: »Wann kommt denn endlich der Nikolaus?«
Zuerst hat Mama mit Kim gespielt. Dann haben sie zusammen ein biss-
chen Fernsehen geguckt. Kim hat eine CD mit Weihnachtsgeschichten
gehört und ein Eis aus der Kühltruhe bekommen. »Wann kommt der
Nikolaus denn nun endlich?«, fragt Kim. Da rumpelt es an der Tür.
Plötzlich wäre es Kim viel lieber, wenn der Nikolaus jetzt nicht käme.
Etwas unheimlich ist ihr schon.
Da geht Mama zur Tür. Und Kim versteckt sich hinter dem Sessel im
Wohnzimmer.
Dann hört sie ihre Mutter mit dem Nikolaus sprechen. Aber die Stim-
me kennt sie! Das kann doch gar nicht der Nikolaus sein!
»Papa! Papa!«, schreit Kim und rennt zur Tür. Und ihr Vater fängt sie
mit beiden Armen auf.
»Ich wollte dich heute unbedingt besuchen!«, ruft er lachend und stellt
ein großes Paket für Kim in den Flur. Das Paket interessiert Kim jetzt

nur wenig. Viel schöner ist es, dass ihr Papa da ist. Die Eltern sind nämlich geschieden. Und Papa wohnt in einer anderen Stadt. Aber heute ist er extra zu Kim gekommen. Er trinkt noch den Kaffee, den Mama schnell gekocht hat. Dann muss er wieder fahren. Kim bringt ihn bis zur Haustür.

»Den Nikolaus haben wir jetzt verpasst«, sagt Mama, als sie zurückkommt. Da blickt Kim zum Fenster hinaus und schreit auf. Sie hat den bunten Weihnachtsteller mit den Plätzchen und Äpfeln sofort gesehen. Auch das Päckchen, das danebenliegt. Und den großen Stiefel aus Schokolade.

»Der Nikolaus war auch noch da!«, ruft sie fröhlich und trägt alles herein, um es ihrer Mutter zu zeigen.

Der Nikolaus kommt in der Nacht

So kalt war es am Nikolausabend noch nie! Der Niko-
laus hat schon Eiszapfen-Hände. Trotzdem geht er weiter von
Haus zu Haus und verteilt seine Geschenke. Endlich ist er beim letzten
Haus und klopft laut an die Tür.
Jules Vater macht auf. »Oh, hallo, Nikolaus! Komm rein.«
Bibbernd geht der Nikolaus ins warme Wohnzimmer und schenkt Jule
ein Buch mit Gespenstergeschichten.
»Danke!«, sagt Jule.
Der Nikolaus lächelt und reibt seine eiskalten Hände.
»Du frierst ja«, sagt Jule. »Du brauchst Handschuhe. Papa, hast du
Handschuhe für den Nikolaus?«
»Klar«, sagt Papa und holt extradicke, rote Handschuhe.
Der Nikolaus probiert die Handschuhe an. Sie passen genau. Seine
Hände werden auch schon warm.
»Danke!«, sagt der Nikolaus und geht fröhlich nach Hause. Jetzt muss
er nie mehr frieren.

Kiki und der Nikolaus

Kiki heißt eigentlich Katarina. Aber alle nennen sie Kiki. Kiki ist schon groß. Seit einem halben Jahr geht sie in den Kindergarten. Dort ist es toll! Jetzt, wo die Weihnachtszeit beginnt, basteln sie bunte Sterne für die Fenster und kleine Nikoläuse aus Tannenzapfen. Gestern mussten alle Kinder einen Strumpf von zu Hause mitbringen. Kiki hat eine schöne, selbst gestrickte Wollsocke von Tante Grete ausgesucht. Die Strümpfe wurden alle an eine Wäscheleine gehängt, die quer durch den Gruppenraum gespannt wurde.

»In die Strümpfe kommt dann übermorgen eure Nikolausüberraschung«, hat Vanessa, die Erzieherin, ihnen erklärt.

Eine Überraschung! Kiki ist ganz aufgeregt. Doch als sie heute in den Kindergarten kommt, kriegt sie einen Riesenschreck. Alle Strümpfe sind weg!

»Jemand hat die Nikolaussocken geklaut!«, schreit Kiki. Die anderen Kinder lachen.

»Die hat doch der Nikolaus geholt«, sagt Pablo. »Morgen kommt er in den Kindergarten. Jedes Kind, das brav war, wird nach vorne gerufen und kriegt seinen Strumpf zurück.«

»Und der ist dann voll mit Süßigkeiten!«, ergänzt Kerim.

Kiki wird ganz still. Den ganzen Morgen hat sie keine richtige Lust zu spielen. Und am nächsten Tag will sie gar nicht in den Kindergarten.

»Was ist denn los mit dir?«, fragt Mama verwundert. »Ihr feiert doch heute Nikolaus.«

»Aber darum ja«, sagt Kiki traurig. »Ich will nicht Nikolaus feiern.«

»Aber wieso denn nicht?«, fragt Mama.

»Der Nikolaus kommt heute. Er hat unsere Socken geklaut und gibt sie nur den Kindern zurück, die brav waren.«

»Hast du Angst, dass du nicht brav warst?«, fragt Mama.

Kiki schaut auf den Boden. »Weil ich doch neulich Linas Bagger kaputt gemacht habe«, sagt sie leise.

Da lacht Mama. »Nikolaus ist ein guter Mann, Kiki. Das singen wir doch immer im Nikolauslied. Du brauchst keine Angst haben.«

Kiki ist sich da nicht so sicher. Auf dem Weg zum Kindergarten trödelt sie die ganze Zeit. Als Mama und sie endlich ankommen, warten schon alle Kinder in der Turnhalle.

»Kiki, komm schnell«, ruft Lina. »Sonst verpasst du den Nikolaus!«

Kiki rennt in die Turnhalle. Sie setzt sich nach ganz hinten. Damit keiner merkt, wenn der Nikolaus sie nicht nach vorne ruft.

Alle singen das Nikolauslied. Dann öffnet sich die Hallentür, und der Nikolaus kommt herein.

Er setzt sich nach vorne auf einen großen Sessel. Und da sieht Kiki es: Der Nikolaus trägt Turnschuhe! Das kann ja gar nicht der echte Nikolaus sein, denn der hat schwarze Stiefel, das weiß jeder. Kiki fällt ein Stein vom Herzen. Das mit dem Bagger wird er also nicht wissen! Wenig später ist Kiki auch schon an der Reihe.

»Katarina Klein, warst du denn auch brav?«, fragt der Nikolaus.

»Nein, ich habe Linas Bagger kaputt gemacht«, gibt Kiki zu. »Aber du bist gar nicht der Nikolaus. Du hast nämlich Turnschuhe an.«

Der Nikolaus stutzt. Dann lächelt er. »Natürlich habe ich Turnschuhe an. In der Turnhalle darf ich doch meine Straßenstiefel nicht anziehen.« Er lacht. »Du bekommst deinen Nikolausstrumpf trotzdem. Weil du so ehrlich bist!«

Kiki wird rot. Gut, dass der Nikolaus nicht wütend ist. Das mit den Straßenschuhen hat sie ganz vergessen! Mit ihrem prall gefüllten Strumpf geht sie auf ihren Platz zurück. Mama hatte recht: Nikolaus ist ein guter Mann.

Leonie und die Lebkuchen

Leonie findet ihren Nikolausstrumpf toll. Der ist voller Lebkuchen. Leonie nimmt ihn überall mit hin: ins Wohnzimmer und in die Küche, in den Flur und sogar aufs Klo. Als sie wieder mal ins Wohnzimmer kommt, legt sie den Strumpf auf den Tisch. Aber was ist das?

»Wo sind meine Lebkuchen?«, ruft Leonie.

»Hier sind sie«, sagt Mama. »Du hast sie unterwegs verloren.«

Leonie guckt sich den Nikolausstrumpf genauer an. Am großen Zeh ist ein Loch. Da sind die Lebkuchen rausgefallen.

»Ich stopfe das Loch gleich«, sagt Papa und holt Nadel und Faden. Leonie setzt sich auf Papas Schoß und schaut zu. Bald ist der Strumpf wieder ganz. Leonie legt die Lebkuchen hinein – bis auf zwei. Die wandern in ihren Mund.

»Hat der Strumpf schon wieder ein Loch?«, fragt Mama.

»Nein!«, sagt Leonie und hüpft mit dem Strumpf davon.

Ein kleiner Nikolaus

Eines Tages fand Uwe eine Nikolausmaske im Kleiderschrank seiner Eltern. Da nahm er sich vor, einmal selbst Nikolaus zu spielen.

Er wartete, bis es draußen dunkel wurde und alle zu Hause waren. Na, denen würde er es zeigen! Richtige Angst sollten sie vor ihm bekommen!

Beim Abendessen machte Uwe ganz schnell. Dann sagte er: »Ich muss mal!« Und schon war er weg.

Er rannte zum Kleiderschrank und öffnete die Tür. Zuerst zog er Mamas Pelzmantel an, dann Papas Winterstiefel und seine dicken Wollhandschuhe. Danach holte er die Nikolausmaske aus dem Schrank und band sie sich vor das Gesicht.

Dann stülpte er noch Pedros rote Pudelmütze darüber.

Nun wollte er sich aber doch noch überzeugen, dass er wirklich wie der Nikolaus aussah. Deshalb klappte er die andere Tür des Kleiderschranks mit dem großen Spiegel auf. Kaum hatte er aber in den Spiegel geschaut, erschrak er ganz fürchterlich. Da stand doch wahrhaftig der richtige Nikolaus vor ihm und blickte ihn böse an!

»Mama! Mama!« Uwe plärrte so laut, dass alle herbeigelaufen kamen.
»Der Nikolaus ist da! Und ich habe solche Angst!«

Mama und Papa lachten zuerst, und dann lachten auch Pedro und Lilo.

»Bestimmt wollte er uns erschrecken«, kicherte Lilo. »Und plötzlich hat
er vor sich selber Angst bekommen.«

Mama zog Uwe die Pudelmütze und die Maske vom Gesicht. Und
plötzlich gab es im Spiegel keinen Nikolaus mehr. Nur noch Uwe. Und
der hatte Mamas Pelzmantel und Papas Stiefel und Handschuhe an.

Und dieser Uwe musste jetzt auch lachen, noch lauter als Lilo und Pedro.

Zinnober hat Zahnweh

Bald ist Nikolausabend. Die Nussknacker knacken von früh bis spät Nüsse. Zinnober ist besonders schnell. Plötzlich schreit er: »Aua, mein Zahn!«

»Warte!«, sagt Mama und holt ein Tuch. Da sind lauter Tannenbäume drauf. Mama bindet das Tuch um Zinnobers Wange.

Das Tuch ist warm und weich. Zinnober setzt sich auf einen Stuhl und guckt den anderen bei der Arbeit zu. Und auf einmal tut der Zahn nicht mehr weh. Zinnober schnappt sich eine kleine Nuss. Vorsichtig legt er sie zwischen die Zähne und beißt zu.

»Das Zahnweh ist weg!«, ruft Zinnober.

Mama lächelt. »Das ist schön. Dann brauchst du ja das Tuch nicht mehr.«

»Doch«, sagt Zinnober. »Das Tuch trage ich so lange, bis Weihnachten ist!«

Heute, Kinder, wird's was geben – Geschichten zum Heiligabend

Der Esel tanzt

Im Stall bei Bethlehem war ein Tag wie jeder andere. Schafe und Ochse mampften genüsslich Heu, die Stallmäuse wuselten im Stroh herum, und eine Spinne arbeitete eifrig daran, das größte Spinnennetz von ganz Bethlehem ins Stallfenster zu weben. Alles war wie immer.

»Ist euch gar nicht langweilig?«, fragte da der Esel auf einmal in das Schmatzen und Rascheln hinein. Schafe und Ochse unterbrachen ihr Kauen für einen Moment und sahen den Esel überrascht an.

»Nö«, sagten die Schafe nach kurzem Nachdenken und mampften weiter mit dem Ochsen um die Wette.

»Immer nur essen, schlafen, kötteln? Ist euch das nicht zu langweilig?«, fragte der Esel wieder.

»Was sollen wir denn deiner Meinung nach sonst tun?«, fragte der Ochse.

Der Esel dachte nach. »Tanzen!«, sagte er dann.

»Tanzen?«, fragte der Ochse. »Wozu soll das denn gut sein?«

»Das habe ich vor zwei Tagen auf dem Dorfplatz gesehen«, erzählte der Esel. »Die Menschen bewegten die Füße und drehten sich. Sie sahen dabei ganz fröhlich aus.«

Er versuchte es vorzumachen. Aber es fühlte sich nicht richtig an. »Na klar!«, fiel ihm ein. »Sie hatten auch Musik! Damit geht es bestimmt.«

»Oh, Musik kenne ich«, sagte ein Schaf. »Der Hirte spielt manchmal Musik auf seiner Flöte.«

»Ihr könnt doch Musik machen«, schlug der Esel vor.

Die Schafe versuchten es. Eines machte »Mäh!«, eines »Möh!« und ein drittes sogar »Müh!«. Aber wie Musik klang das überhaupt nicht.

»Aufhören!«, muhte der Ochse. »Sofort aufhören!«

Der Ochse schaute den Esel streng an. »Esel tanzen nicht. Das ist nichts für Tiere. Friss dein Heu und beschwer dich nicht, du hast es doch gut hier!«

Ruhig mampften alle weiter. Die Spinne sponn, und die Mäuse kuschelten sich in ihr Nest aus Stroh. Der Esel zupfte betrübt ein paar Halme aus der Futterkrippe. Sie schmeckten ihm nicht. Warum konnte er nicht genauso tanzen wie die Menschen? Das Leben konnte doch nicht nur aus Stall und Heu bestehen. Wenn er nur ein Mal ein bisschen Musik hätte. Dann würde er tanzen, da war er sich sicher.

So verging der Tag. Die Hirten holten die Schafe ab und trieben sie auf das Feld. Der Ochse erzählte Geschichten von früher, als er noch ein Kälbchen war. Die Spinne lau-

erte geduldig in ihrem neuen Supernetz. Und der Esel langweilte sich.
Doch als der Abend kam, öffnete sich leise die Stalltür. Zwei Leute stolperten herein, ein Mann und eine Frau. Sie sahen müde aus.

»Schau mal«, brummte der Ochse. »Die Frau bekommt ein Kalb.«

»Das heißt Baby«, berichtigte ihn der Esel.

Der Mann bettete die Frau ins weiche Stroh. Der Esel war ganz aufgeregt. Endlich passierte mal was! In seinem Stall wurde ein Kind geboren!

Der Mann legte das kleine Menschlein sogar in seine Futterkrippe. Da lag es und schlief friedlich, während der Mann und die Frau sich im Arm hielten und es voller Liebe anschauten.

In diesem Moment hörte der Esel eine wunderschöne Musik, wie von Engeln gesungen. Er wusste nicht, woher sie plötzlich kam. Aber er tanzte. Er tanzte noch, als die Schafe mit den Hirten vom Feld kamen und drei fremde Herren mit Geschenken erschienen. Er tanzte und war fröhlich. Und der Ochse schimpfte deshalb gar nicht. Er brummte nur leise im Takt der Musik.

Das Weihnachtskind

Jannik steht am Fenster. Draußen liegt Schnee, und drinnen riecht es nach Tannennadeln. Es könnte alles so schön sein. Aber es ist überhaupt nicht schön. Mama und Papa fehlen.

»Guck doch nicht so traurig!«, sagt Tante Anni. »Ist doch prima, dass du ein Geschwisterchen bekommst!«

»Ich hab ja nichts gegen Geschwister«, sagt Jannik. »Aber muss es unbedingt an Weihnachten kommen?«

»Es wollte eben gleich den Weihnachtsmann treffen«, meint Tante Anni.

»Blöde Idee von ihm«, sagt Jannik. Mama und Papa sind schon seit einer Ewigkeit weg. Tante Anni und Jannik haben den Baum geschmückt und Salat gemacht. Sie haben die Pakete, die der Weihnachtsmann gestern gebracht hat, aus der Abstellkammer geholt und auf dem Sofa verteilt. Alles ist bereit.

»Jannik«, sagt Tante Anni, »wollen wir nicht was essen?«

»Wir warten auf Mama und Papa«, entscheidet Jannik.

»Willst du nicht ein Geschenk auspacken?«, fragt Tante Anni.

»Nicht ohne Mama und Papa!«, ruft Jannik trotzig.

Er steht noch eine Stunde am Fenster. Sein Magen knurrt. Wie dieses blöde Geschwisterchen rumtrödelt!

»Jannik«, sagt Tante Anni schließlich, »vielleicht müssen Mama und Papa die ganze Nacht im Krankenhaus bleiben!«

Sie macht Weihnachtsmusik an, und Jannik hilft ihr, die Kerzen am Baum anzuzünden.

»Mama, Papa«, sagt er, »'tschuldigung. Wir fangen jetzt ohne euch an.«

Die rot verpackten Geschenke auf dem Sofa sind alle für Jannik.
Doch er hat keine Lust, sie auszupacken. Gleich muss er heulen. Da
knirscht ein Schlüssel im Schloss.
»Mama!«, ruft Jannik. »Papa!«
Mama hält ein Bündel im Arm. Sie sieht erschöpft aus, aber ganz fröh-
lich. »Ist noch Platz auf dem Sofa?«, fragt sie. »Zum Hinlegen?«
Tante Anni räumt das Sofa frei, und Jannik holt einen Berg Kissen.
»Aufs Sofa gehören die Geschenke«, verkündet Papa. »Und nun liegt
dort das beste Geschenk von allen! Du darfst es auswickeln, Jannik!«
Da schlägt Jannik ganz vorsichtig die Decke zurück. Ein winziges rotes
Gesicht guckt ihm entgegen. Es ist ganz zerknautscht.
»Uii, das ist ja ein lustiges Geschenk!«, ruft Jannik und kichert.
»Das Geschenk heißt Mia«, sagt Mama. »Später wird es hübscher.«
»Es ist jetzt schon in Ordnung so«, sagt Jannik erleichtert. »Und jetzt ist
endlich Weihnachten!«

Der Weihnachts-Wecker

Heute war Heiligabend. Stella freute sich sehr, aber vorher gab es noch so viel zu tun für die Engel! Schon früh am Morgen sausten sie in der Christkind-Werkstatt umher. Auch Mama, Papa und Stellas Freunde halfen mit.

»Wawawa!«, machte Uriel. Stellas kleiner Bruder krabbelte in seinem kleinen Wolken-Laufstall und schaute zu. Stella streichelte ihm kurz über den Kopf. Heute hatte sie leider keine Zeit, mit ihm zu spielen. Stella schob das letzte Blech Schneeflocken-Plätzchen in den Ofen. Mama und Papa schrieben um die Wette Weihnachtskarten. Und ihre Freunde verpackten noch schnell die letzten Geschenke. Dann war es endlich geschafft.

»Bis später«, sagte Papa zu Stella. »Wir laden die Geschenke auf den Weihnachtsschlitten, damit die Kinder sie auch rechtzeitig bekommen.«

»Schmückt doch schon mal den Tannenbaum für unser großes Engel-Weihnachtsfest«, schlug Mama vor. »Die Glitzersterne fehlen noch.«

»Machen wir.« Stella winkte ihren Eltern hinterher. Dann gähnte sie. »War das anstrengend! Ich glaube, ich muss mich erst mal in die Hängematte legen.«

Auch die anderen Engelkinder waren müde. Die Hängematte war groß, alle passten hinein. Stella machte nur ganz kurz die Augen zu – und war sofort eingeschlafen.

Doch plötzlich schreckte sie hoch. »Was hat denn da gequietscht?«

Stella rüttelte ihre Freunde wach.
Die hörten es auch. Das Quietschen kam
immer wieder, wie bei einem Wecker. Aber
keiner hatte einen Wecker gestellt! Neugierig machten sie sich auf die
Suche. Das Quietschen kam eindeutig aus der Christbaum-Werkstatt.
»Wawawa!« Uriel saß in einem Regal inmitten der Glitzersterne und
strahlte. Irgendwie musste er es geschafft haben, seinen Wolken-
Laufstall umzuwerfen und loszukrabbeln.
Stella lachte. »Du warst also unser Wecker. Danke! Ohne dich hätten
wir glatt verschlafen.«
Stella nahm Uriel auf den Arm. Die Engelkinder
steckten die Glitzersterne ein und schmückten
den Tannenbaum. Kaum waren sie fertig,
kamen die Eltern zurück.
Stella rannte hinaus und rief: »Frohe Weihnachten!«

Ein Freund aus Schokolade

In der Weihnachtszeit sammelten sich immer eine Menge Pakete vor dem Kamin an, von Tanten und Onkeln. Dieses Jahr stand dort auch ein Schokoladenweihnachtsmann. Er steckte in einer durchsichtigen Folie, trug einen Bart aus weißer Schokolade und bunte Zuckerperlenknöpfe.

»Aber vor Weihnachten wird er nicht gegessen!«, sagte Mama.

Jedes Mal, wenn Jule an dem Weihnachtsmann vorbeiging, bekam sie plötzlich schrecklichen Hunger. In der Nacht vor Weihnachten konnte sie nicht schlafen. Schließlich schlich sie leise ins Wohnzimmer.

Wenn sie nur ein klitzekleines Stückchen von dem Weihnachtsmann abbiss, würde es sicher niemand merken. Jule wickelte vorsichtig die Folie ab, öffnete den Mund und – »Halt!«, rief der Weihnachtsmann. Erschrocken starrte Jule ihn an. »Du kannst sprechen?«

»Sicher«, sagte der Weihnachtsmann. »Ich bin nur hier, um mit dir zu sprechen. Ich bin gekommen, um dich für eine Nacht mitzunehmen.«

Er hob den Arm und malte ein geheimes Zeichen in die Luft. Da standen sie plötzlich in einer glitzernden Schneelandschaft.

»Es ist Zuckerwatteschnee«, sagte der Weihnachtsmann. »Du darfst sie essen.«

Der Weihnachtsmann war jetzt etwas größer als Jule.

»In dem Wald dort hab ich mein Haus«, erklärte er und führte sie durch einen Wald aus Marzipantannen. Jule probierte ein paar Zweige.

»Lecker, was?«, fragte der Weihnachtsmann. »Da, in

dem Lebkuchenhaus wohne ich.« Vor dem Haus stand ein Schlitten
mit Rentieren aus Keksteig.

»Du kannst einen Nusssplitter vom Schlitten abbrechen«, sagte der
Weihnachtsmann. »Nur die Rentiere, die darfst du nicht anbeißen. Die
sind meine Freunde, und Freunde beißt man nicht an.«

Kurz darauf sausten sie in dem Schlitten über den Zuckerwatteschnee,
und diesmal begegneten sie einer Menge Engel mit farbigem Haar aus
Gummischlangen. Die Engel fanden alle, Jule müsste ihre Haare pro-
bieren. »Boah«, sagte Jule. »Jetzt bin ich aber satt!«

»Ich bringe dich zurück«, bot der Weihnachtsmann an. »War es schön
bei uns?«

»Total«, murmelte Jule schläfrig. Die Kutsche hob vom Boden ab und
flog durch die Nacht, in der lauter Zimtsterne leuchteten. Schließlich
schwebte sie durch Jules Fenster, und sie plumpste direkt in ihr Bett.
Am nächsten Morgen besah sich Mama den Schokoladenweihnachtsmann. »Den hat ja jemand ausgewickelt«, sagte sie.

»Aber nicht angebissen!«, rief Jule. »Er ist jetzt mein Freund,
und Freunde beißt
man nicht an!«

Eine wunderbare Weihnachtsüberraschung

Es ist Heiligabend. Na ja, noch nicht ganz – eher Heilignachmittag.
Mama steht in der Küche und sagt schlimme Wörter. Julian wartet ungeduldig auf das Christkind. Das kommt ja immer erst so spät – abends
halt, also in ungefähr genau 500 Stunden!

»Mama«, sagt Julian, »man flucht nicht an Heiligabend!« Mama seufzt.
»Ach, Julian. Ich wollte doch einen Kuchen backen. Tante Cornelchen
kommt morgen. Aber jetzt fehlt mir ein Ei. Könntest du zu Herrn Huber gehen und ihn fragen, ob er noch eins dahat?«

Das macht Julian gerne. Herr Huber ist der nette alte Mann, der in der
Nachbarwohnung wohnt.

Wenn man bei Herrn Huber klingelt, dann hört man kein einfaches
Brrrring, sondern eine ganze Melodie. Das klingt schön, findet Julian.
Deshalb klingelt er gleich zweimal. Dann macht Herr Huber die Tür
auf.

»Hallo, Julian, willst du mir Frohe Weihnachten wünschen?«, fragt Herr
Huber freundlich.

»Nein«, sagt Julian, »eigentlich möchte ich fragen, ob Sie noch ein Ei
für meine Mama haben. Dann muss sie nicht immer das Sch-Wort sagen.«

Herr Huber lacht. »Komm rein, ich habe bestimmt noch eins da.«
Julian geht ins Wohnzimmer. Dort steht Herr Hubers Weihnachtsbaum.
»Oh!«, staunt Julian. »Der ist aber toll geschmückt!«

An dem Baum hängen lauter kleine Engel aus Gold- und Silberpapier.
Ihre zarten Flügelchen sind aus durchsichtigem Stoff und ihre Köpf-

chen aus kleinen Holzkugeln. Jeder Engel sieht ein wenig anders aus. Dazwischen hängen durchsichtige Glaskugeln wie große, schillernde Seifenblasen.

Herr Huber kommt mit dem Ei aus der Küche. »Die Engel habe ich selbst gemacht – ich habe ja genug Zeit dafür. Und schau, die Kerzen sind aus echtem Bienenwachs, das duftet so schön, wenn ich sie später anmache.«

»Bei so einem schönen Baum bringt Ihnen das Christkind bestimmt ganz besonders viele Geschenke!«, sagt Julian.

»Ach, weißt du«, sagt Herr Huber, »das Christkind muss so vielen Kindern Geschenke bringen, da hab ich es abbestellt. Ich brauche ja gar nichts. Ich freue mich über meinen schönen Baum und feier ein bisschen für mich alleine.«

Julian kann es nicht fassen. Keine Geschenke? »Kriegen Sie denn gar keinen Besuch?«, fragt er un- gläubig.

»Du besuchst mich doch gerade!«, sagt Herr Huber.
Und guckt dabei ein bisschen traurig.

Als Julian mit dem Ei in der Hand im Hausflur
steht, hat er eine Idee. Er läuft zu Mama und
gibt ihr das Ei.

Dann flitzt er schnell aus der Küche. »Mama,
ich geh noch mal zu Lu und Tommi hoch!«,
ruft er. Bevor Mama überhaupt was sagen kann, ist er
schon wieder durch die Tür.

Oben bei den Matzens klingelt Julian Sturm. Brrring, brring, brrring.
Papa Matzen macht auf. »Ist etwas passiert?«, fragt er besorgt.

»Ich muss ganz dringend mit Lu und Tommi sprechen!«, ruft Julian
und stürmt in die Wohnung.

Lu und Tommi sind in ihrem Kinderzimmer. Julian erzählt ihnen von
Herrn Huber. »Er hat den schönsten Weihnachtsbaum im ganzen Haus,
aber er kriegt keine Geschenke und nicht mal Besuch! Das müssen wir
ändern!«

Lu und Tommi nicken eifrig. Aber wie? Julian hat sich das schon überlegt. »Jeder von uns sucht jetzt etwas ganz Schönes von seinen Sachen
aus und packt es ein. Wenn das Christkind Herrn Huber keine Geschenke bringt, dann machen wir es eben! Wir treffen uns dann gleich
im Flur!«

Wieder unten, denkt Julian darüber nach, was er Herrn Huber schenken könnte. Es soll ja schließlich etwas Tolles sein, damit sich Herr
Huber auch freut. Julians Blick fällt auf sein kuscheliges Sonnenkissen.
Das ist es! Ein Kissen braucht jeder, das kann Herr Huber auf sein Sofa
legen. Dann hat er es beim Fernsehen oder Lesen ganz weich. Julian

stibitzt heimlich eine Rolle Geschenkpapier aus dem Wohnzimmer-schrank. Das Kissen einzupacken ist ganz schön schwer. Julian braucht ziemlich viel Geschenkpapier.

Dann hat er es geschafft. Lu und Tommi warten schon auf ihn.

»Ich schenke Herrn Huber meinen Bergkristall. Der glänzt und fühlt sich ganz glatt an!«, sagt Tommi und hält ein ziemlich knüddelig verpacktes Geschenk hoch.

»Ich schenke ihm das Kästchen mit den Muscheln aus unserem letzten Urlaub. Da kann er etwas Schönes reintun«, sagt Lu.

Das sind tolle Geschenke, findet Julian. Die drei klingeln an Herrn Hubers Melodieklingel. Als er öffnet, singen sie *Ihr Kinderlein, kommet*. Es klingt ziemlich schief. Sie können auch nur die erste Strophe. Herr Huber weiß vor Überraschung gar nicht, was er sagen soll.

»Nanu«, meint er, »was macht ihr denn hier?«

»Wir sind Ihr Weihnachtsbesuch!«, sagt Lu.

»Wir bringen Geschenke«, sagt Julian.

»Ja, und wir wollen Ihren schönen Weihnachts-baum sehen«, ergänzt Tommi.

Herr Huber führt die Kinder ins Wohnzimmer.

Dort zündet er die Kerzen am Baum an. Die Seifen-blasenkugeln funkeln.

»Was für süße Engel!«, sagt Lu.

»Und die Kerzen duften ganz toll!«, sagt Julian.

Herr Huber macht seine Geschenke auf. Das Kissen legt er gleich auf sein Sofa. »Jetzt habe ich immer Sonne im Haus«, sagt er lächelnd.

Den Bergkristall stellt er auf sein Regal. »Der erinnert mich an meinen letzten Bergurlaub.«

In das Muschelkästchen legt er ein paar Manschettenknöpfe. »Meine Glücksbringer, nun finde ich sie immer sofort wieder.«

Schließlich singen sie noch alle zusammen *O Tannenbaum* für Herrn Hubers schönen Weihnachtsbaum.

Dann nimmt Herr Huber drei Engel von den Tannenzweigen. »Die sind für euch. Weil das hier eine ganz wunderbare Weihnachtsüberraschung war.«

Das Geheimnis im Schrank

Lisa weiß jetzt, wo der Weihnachtsmann die Geschenke versteckt. Er bringt sie immer ein paar Tage vor Weihnachten, zur Sicherheit. Das hat Papa ihr erzählt. Gestern hat Lisa zugesehen, wie Mama etwas im Schlafzimmerschrank gesucht hat. Und unten im Schrank lag etwas Geheimes, Buntes. Genau konnte Lisa es nicht erkennen, denn Mama hat den Schrank schnell wieder zugemacht.

Immer, wenn Lisa jetzt am Elternschlafzimmer vorbeigeht, muss sie an die Geschenke im Schrank denken. Ob der Puppenwagen dabei ist? Und die Glitzerkette? Und das Bilderbuch mit den Zootieren? Vielleicht könnte sie ein kleines bisschen nachgucken, nur so mit einem halben Auge? Mama sagt immer, der Weihnachtsmann könnte alles sehen, so wie Gott. Aber Gott und der Weihnachtsmann müssen bestimmt auch einen Mittagsschlaf halten. Alle Erwachsenen werden mittags müde. Lisa wartet, bis Mama sich im Wohnzimmer hingelegt hat. Dann schleicht sie ins Elternschlafzimmer, ganz leise, damit Gott und der Weihnachtsmann nicht aufwachen. Und vor allem Mama nicht.

Der Schrank hat eine schwere Schiebetür. Schließlich gleitet sie zur Seite, und ganz unten steht – ein Lego-Lastwagen! Was soll denn das? Aber hier ist ein Buch – über Dinosaurier. Dinosaurier mag Lisa gar nicht. Neben dem Buch findet sie eine Kette. Doch es ist keine Glitzerkette, sondern die Kette eines Taschenmessers. Der Weihnachtsmann muss sich geirrt haben! Lisas Herz wird schwer.

An Weihnachten geht sie mit Mama und Papa in die Kirche. Auf dem Heimweg treffen sie die Nachbarn aus der Wohnung gegenüber.

»Du, Martin!«, flüstert Lisa. »Ich krieg bloß falsche Geschenke!«

»Ich auch«, flüstert Martin. »Bei uns im verbotenen Schrank hat der Weihnachtsmann lauter rosa Sachen versteckt!«

»Rosa? Schön!«, seufzt Lisa. »Bei uns hat er doofe Dinos versteckt!«

»Dinos?«, fragt Martin. »Ich hab mir ein Dino-Buch gewünscht!«

Ehe Lisa antworten kann, sind sie zu Hause. Unter dem Baum liegen die Geschenke. Jetzt muss Lisa so tun, als ob sie sich freut. Damit der Weihnachtsmann nicht traurig ist. Sie pult das Papier vom ersten Geschenk.

»Ein Puppenwagen!«, ruft sie erstaunt. »Und eine Glitzerkette! Aber im Schrank war doch ein Lego-Lastwa…« Sie schlägt sich schnell die Hand vor den Mund. Jetzt wissen Mama und Papa, dass sie nachgeguckt hat.

Aber Mama und Papa grinsen nur.

»Das kommt, weil der Weihnachtsmann schlau ist«, sagt Papa. »Bei uns hat er die Geschenke für Martin versteckt und bei Martin die Geschenke für dich. Aber nächstes Jahr muss er sich wohl was Neues ausdenken …«

Kunterbuntes Krippenspiel

Es gab drei Dinge, die Fanny überhaupt nicht mochte: Kleider, Perlen-
ketten und Puppen. Am liebsten trug sie Hosen und tobte im Kindergarten mit Toni und Silas herum.

Kurz vor Weihnachten sagte Heidi, die Erzieherin: »Dieses Jahr machen
wir ein Krippenspiel. Ihr dürft euch eure Kostüme aussuchen.«
Sofort stürzten sich alle auf die Verkleidungskiste.

»Ich will ein Engel sein!« – »Ich auch!« – »Nein, ich!« Die Mädchen
stritten sich um die Engelkostüme.

Fanny stand daneben und wartete. Dann zog sie einen roten Anzug mit
Kapuze und schwarzen Hörnern aus der Kiste. »Ich bin ein Teufel.«

Toni ließ sofort sein Hirten-Kostüm fallen. »Und ich bin Pirat!«

Silas wollte jetzt auch nicht mehr Josef sein, sondern lieber Superman.

Heidi schüttelte den Kopf. »Aber das geht doch nicht!«

»Warum nicht?«, fragte Fanny.

Heidi lachte. »Stimmt, warum eigentlich nicht? Wir wissen
ja nicht genau, wer damals alles bei der Krippe
war, um das Jesuskind zu sehen.«

Am Tag vor Weihnachten führten die
Kinder das Krippenspiel auf. Die
Eltern schauten zu. Josef
und Maria freuten sich
über das Jesuskind.
Alle wollten es sehen.
Hirten machten sich

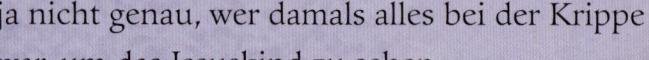

auf den Weg, und die Heiligen Drei Könige
kamen zum Stall. Auch ein Teufelchen war dabei, ein Pirat und Superman. Plötzlich wurde es stockdunkel.

»Der Strom ist ausgefallen!«, rief Heidi.

So ein Schreck! Die Kinder stolperten übereinander.

Das Teufelchen blieb ruhig. Es tastete sich mit seinem Dreizack zum
Tisch vor. Dort fand es eine Kerze und Streichhölzer und rief: »Pirat,
Superman, wo seid ihr? Ihr müsst Heidi suchen.«

»Wir kommen schon!«, antworteten die beiden.

Der Pirat erwischte Heidi am Ärmel. Zusammen mit Superman brachte
er Heidi zum Teufelchen. Fanny drückte der Erzieherin die Kerze und
die Streichhölzer in die Hand. Heidi zündete die Kerze an. Im
warmen Licht sah das Jesuskind noch viel schö-
ner aus. Und die weißen Kleider der Engel
strahlten wie Sterne.

»Danke, Fanny«, sagte Heidi. »Du
und deine Freunde, ihr habt
uns das Licht gebracht.«
Die Eltern klatschten be-
geistert. Teufelchen, Pirat
und Superman fassten
sich an den Händen
und verbeugten sich.

Quellenverzeichnis

Ameling, Anne:

Der schnellste Schlitten

Kiki und der Nikolaus

Der Esel tanzt

Eine wunderbare Weihnachtsüberraschung

     Aus: **Drei-Fünf-Acht Minutengeschichten zu Weihnachten**

     Illustrationen von Monika Parciak

     © ellermann im Dressler Verlag GmbH, Hamburg 2014

Krenzer, Rolf:

Die erste Kerze im Advent

Weihnachtskarten

Julias heller Stern

Der Nikolaus war auch noch da

Ein kleiner Nikolaus

     Aus: **Kleine Weihnachts-Geschichten zum Vorlesen**

     Illustrationen von Eleni Livanios

     © ellermann im Dressler Verlag GmbH, Hamburg 2013

Michaelis, Antonia:

Das Weihnachtskind

Ein Freund aus Schokolade

Das Geheimnis im Schrank

> Aus: **Kleine Weihnachtsmann-Geschichten zum Vorlesen**
>
> Illustrationen von Eva Czerwenka
>
> © ellermann im Dressler Verlag GmbH, Hamburg 2009

Vogel, Maja von:

Scherben bringen Glück

Wünsch dir was!

> Aus: **Kleine Advents-Geschichten zum Vorlesen**
>
> Illustrationen von Dagmar Henze
>
> © ellermann im Dressler Verlag GmbH, Hamburg 2014

Wich, Henriette:

Anna und der Adventskalender

Saskia und der Sternenhimmel

Greta und der Glücksesel

Pelle backt Plätzchen

Der Nikolaus kommt in der Nacht

Leonie und die Lebkuchen

Zinnober hat Zahnweh

> Aus: **Kleine Adventszeit-Geschichten zum Vorlesen**
>
> Illustrationen von Miriam Cordes
>
> © ellermann im Dressler Verlag GmbH, Hamburg 2006

Wich, Henriette:

Die Schutzengel-Prüfung

Der Weihnachts-Wecker

Kunterbuntes Krippenspiel

Aus: **Kleine Engel-Geschichten zum Vorlesen**

Illustrationen von Barbara Korthues

© ellermann im Dressler Verlag GmbH, Hamburg 2015

ALLeS RUNd uMs THeMA VORLesen!

Auf **www.ellermann.de/vorlesen** finden Sie weitere tolle Bücher, Tipps und Ideen. Wir wünschen Ihnen viel Spaß beim Surfen und Vorlesen.